INSTRUCTION

Démocratique

POUR LA TENUE PROCHAINE

DES

CONSEILS GÉNÉRAUX,

PAR M. DE RÉGNON,

Membre du Conseil général de la Loire-Inférieure.

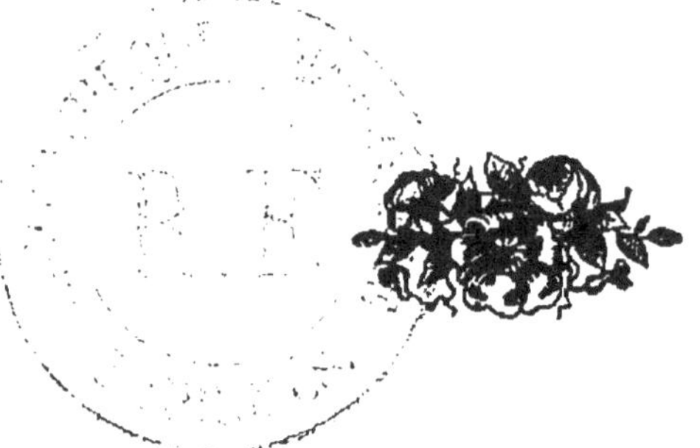

NANTES, chez Mazeau, libraire, près de la Cathédrale.

—

Prix : 60 centimes par la poste.

—

SEPTEMBRE 1848.

AVIS IMPORTANT.

Les personnes qui recevront cet écrit, sont priées de le trans-
mettre ou de le communiquer, à l'instant même, à ceux des
membres du conseil général de leur département, les plus disposés
à défendre avec fermeté les libertés civiles, communales et départementales.

INSTRUCTION

Démocratique

POUR LA TENUE PROCHAINE

DES

CONSEILS GÉNÉRAUX.

— ◦◦◦◦ —

La révolution de février dernier a renversé un gouvernement centralisateur, despotique, corrupteur, surtout ennemi de la liberté civile et religieuse, et opposé à toute indépendance de pouvoirs émanés du peuple.

C'est dans le principe de la liberté en tout et pour tous que ce grand mouvement a dû chercher sa raison d'agir. Ce n'est donc pas le désordre social qui était la fin qu'on se proposait. Mais un but plus noble était envisagé par la nation elle-même qui secondait le mouvement : c'était celui de fonder l'ordre sur les libertés publiques, par la ruine même de la centralisation administrative qui avait servi à maintenir le despotisme.

Le lendemain de cette révolution, là République était facile à fonder. C'eût été de procéder à la proclamation des véritables principes de liberté générale, et de rallier tous les citoyens, quels qu'eussent été leurs antécédents, à l'amour des nouvelles institutions et à l'exercice des mêmes droits. *Liberté, Égalité, Fra-*

ternité, ces mots auraient dû être expliqués dans leur sens naturel, dans la plus grande et la plus générale expansion des sentiments d'amour mutuel.

La paix, l'union, la concorde, le respect de tous les droits eût amené une république sincère, soutenue par tous les amis de l'ordre et de la liberté.

Mais il n'en fut pas ainsi. L'élément du communisme s'était introduit dans ce mouvement politique ; et tous les membres du gouvernement provisoire qui s'imposèrent alors à la nation française, prirent à tâche de réveiller les passions de la partie la moins intelligente du peuple, et suscitèrent en elle des appétits désordonnés. Ils procédèrent par voie d'exclusion, n'admettant guère dans le pouvoir que des républicains de la veille, surtout des fils de cette Convention de sanglante mémoire, qui fait encore frémir les cœurs honnêtes.

Des commissaires à qui, en dérision de la liberté, on osa donner des pouvoirs illimités, furent envoyés dans tous les départements. Ils se crurent les maîtres des peuples comme au temps de 93 ; mais la presse, qui veillait sur leurs moindres démarches, arrêta leurs efforts dans la fausse ligne où ils s'étaient engagés. Pourtant elle ne put empêcher qu'un très-grand nombre de ces commissaires despotes, étrangers aux départements qu'ils administraient, ne se fissent nommer pour les représenter à l'assemblée nationale, et ne faussassent ainsi tous les principes d'une loyale représentation.

L'intimidation exercée par ces commissaires planait sur la France, sous le ministère de M. Ledru-Rollin ;

et l'élection générale, faite en vertu du suffrage universel, n'était réellement, sur plusieurs points, qu'une odieuse déception.

C'était bien évidemment là la pensée du gouvernement provisoire d'escamoter la véritable république des honnêtes gens, basée sur l'ordre, la concorde et le respect de toutes les libertés, pour y substituer une république unitaire et indivisible, calquée sur celle de nos plus mauvais jours, au profit des utopies des républicains de la veille, et dirigée contre tous ceux qu'on repoussait comme républicains du lendemain, bien qu'ils forment l'immense majorité de la nation française.

C'est ainsi que fut élue et constituée l'assemblée nationale, qui siége à Paris depuis près de cinq mois, et qui présente tous les éléments d'une chambre sans majorité de principes, essentiellement discordante et incapable de produire une constitution raisonnable qui puisse être acceptée librement par la nation.

On la connaît cette assemblée, et on peut la juger comme l'arbre par ses fruits. Elle n'a pu encore produire un gouvernement tant soit peu régulier, et elle a été dominée sans cesse par les mouvements extérieurs.

A peine convoquée et réunie, elle s'est empressée de reconnaître et de proclamer ce gouvernement provisoire dont toute la France avait à se plaindre. Elle a tout cédé à ce pouvoir communiste, dont elle était devenue, par l'intimidation faite aux électeurs, la véritable expression dans un grand nombre de ses membres.

Voyez-la : elle s'humilie et s'abaisse devant ce peuple

des barricades de Paris : elle vient, sous la direction de la volonté de ce gouvernement provisoire, proclamer la République devant cette populace ameutée, et cela dans la rue, à la porte de son palais, sans aucune discussion préalable sur les conditions de la future République, sans liberté intérieure, sans mouvement spontané. Cette chambre, qui se dit la représentation de la France entière, s'efface ici entièrement, pour reconnaître comme son haut souverain cette foule d'un peuple égaré qui doit bientôt se ruer sur elle-même et inonder de sang la capitale.

On a pu tout aussitôt juger cette assemblée par ce premier abaissement de sa propre dignité nationale.

Plus tard, aux fêtes de la Concorde et de la Fraternité, à ces fêtes qui rappellent les temps de fièvre révolutionnaire, sous l'odieuse Convention, on voit cette même assemblée céder le pas d'honneur, le pas de la souveraineté, aux membres de la commission exécutive qu'elle a nommés ; et elle ne craint pas de ne marcher qu'au second rang et à la suite d'un pouvoir qui pourtant n'est émané que d'elle. C'est là un second abaissement de l'assemblée nationale, par lequel on pouvait dès lors prédire qu'elle méconnaîtrait toute l'importance et la hauteur du mandat qu'elle dit avoir reçu de la nation française.

A la suite des cruels événements de juin, nés des principes avoués du pouvoir nommé par elle, nés du communisme dont elle-même est imbue en majorité, elle se jette en aveugle, et sans respect pour les libertés qu'elle est chargée de défendre, dans le système de dictature ; elle permet les excès qui en résultent à l'abri de l'état de siége ; elle prolonge cette situation absurde et révoltante depuis tantôt 90 jours, et sans même laisser entrevoir l'espérance d'un changement et d'un retour à l'ordre et aux libertés.

Elle se juge et déjuge elle-même en se livrant tout entière à un général qui n'a jamais connu que l'absolutisme du commandement militaire, et qui n'a aucun sentiment de la liberté et des droits des Français.

La liberté de la presse nous était restée sous le gouvernement des commissaires, et elle a servi à beaucoup de départements, pour se soustraire aux folies du pouvoir illimité qu'on avait substitué aux principes de liberté.

Mais voilà que la liberté de la presse est enlevée à Paris par la seule volonté de ce général, devenu ministre et agent responsable nommé par l'assemblée nationale. Un grand nombre de journaux sont supprimés, par cela seul qu'ils entendent poser des limites au pouvoir du général chef des ministres. Il n'est pas permis de rappeler que l'état de siége ne fait tout au plus que déplacer les pouvoirs légaux, sans enlever ni compromettre les droits des citoyens.

N'importent les réclamations qui surgissent de toutes parts contre cette atteinte portée aux droits les plus sacrés, aux conditions du véritable pouvoir républicain ; n'importent les efforts de quelques représentants généreux pour ramener l'assemblée au respect des droits des Français, la liberté de la presse reste détruite pour Paris. L'arbitraire est suspendu sur tous les journaux actuels, comme jadis l'épée sur Damoclès.

L'assemblée nationale n'a pu former une majorité suffisante pour défendre l'ordre par la liberté. Elle continue d'être l'auxiliaire très-secondaire d'un pouvoir absolu qui trône, par l'arbitraire de l'état de siége, sur les débris de nos plus précieuses libertés, surtout de celle de la presse, sans laquelle aucune autre ne peut rester debout.

Voilà l'assemblée qui aujourd'hui domine la France et les départements. Voilà ce qu'ont créé nos mandataires égarés. Voilà comment ils entendent nous fabriquer, pour nous, sans nous et malgré nous, une constitution absurdement communiste. Ce sont en partie les membres mêmes du gouvernement provisoire qui nous ont rédigé cette merveilleuse constitution, calquée sur celle de 93, et dans laquelle tous nos droits sont méconnus et vont être réduits, par une centralisation compacte, à n'être plus que l'ombre de ceux dont les Français jouissaient sous les précédentes dynasties.

Elle s'arrête maintenant à discuter un projet de constitution dans lequel la liberté de la conscience, la liberté de l'enseignement, la liberté de la propriété, et tous nos autres droits sont sacrifiés ou subordonnés au prétendu droit fictif d'un état unitaire, qui ne peut se maintenir que par un système d'oppression, de violence et d'arbitraire, au moyen d'une minorité d'ambitieux qui s'appellerait l'État, et qui absorberait, comme sous l'ancien gouvernement, tous les droits des Français par la plus brutale centralisation.

Elle entend se perpétuer au pouvoir sous la protection armée d'un général dictateur, autour duquel elle s'est groupée. Elle entend se charger de la confection de toutes les lois organiques, pour pouvoir y porter le même esprit de communisme légal, qui n'est autre que la centralisation de toutes les forces sociales au profit de quelques hommes, habiles conquérants du pouvoir central.

Elle entend enlever aux Français leur droit de nommer le président de la République par le suffrage universel, sans doute pour imposer à la France et aux départements le choix qu'elle ferait du général qui va détruisant journellement nos plus précieuses libertés.

Elle prétend nous enlever aussi notre droit de sanctionner définitivement la constitution par une acceptation libre et publique, afin que la France, dominée despotiquement par elle, ne puisse pas rejeter ou modifier l'œuvre informe de ses conceptions communistes et attentatoires à nos droits.

A-t-elle pu se persuader que les Français se laisseraient ainsi dépouiller de tous leurs droits ? A-t-elle cru qu'ils seraient assez stupides, après avoir si longtemps lutté pour la conquête de leurs libertés sous les gouvernements précédents, pour les sacrifier toutes à un fantôme de république qui consacrerait une plus profonde idolâtrie de l'Etat, ou le triomphe de ces hommes qui s'imposent eux-mêmes pour gouverner au nom de l'Etat et exploitent la nation comme un pays conquis.

Il est temps que la France, dont la manifestation n'a pu être sincère aux élections générales des représentants du peuple, à raison de l'intimidation exercée par des commissaires clubistes à pouvoirs illimités ; il est temps que cette France se prononce contre de tels abus de pouvoirs, contre de telles prétentions exorbitantes, de la part de cette assemblée nationale aujourd'hui bien jugée par l'opinion générale.

Une voie nous est ouverte pour sauver la France de l'anarchie de Paris, du despotisme de Paris, de la centralisation de Paris, de l'arbitraire de l'état de siége de Paris, des utopistes ministres à Paris, et de cette odieuse omnipotence que prétend exercer l'assemblée nationale sur nos consciences, sur nos familles, sur nos propriétés, sur nos droits les plus imprescriptibles.

Car cette omnipotence de l'assemblée est aussi insensée dans sa cause, que contraire à l'ordre et à la liberté civile. Nous n'avons jamais entendu céder tous nos droits aux représentants qui ont obtenu nos suffrages. Nous ne leur avons délégué, et encore temporairement, conditionnellement, que la portion de souveraineté nécessaire pour faire une constitution qui fût l'expression et la défense de tous les droits que nous nous sommes réservés à nous-mêmes en leur donnant nos suffrages.

Est-ce que mentalement, implicitement, nous n'avons pas gardé par devers nous la souveraineté de nous-mêmes, la libre possession de nous-mêmes, la liberté entière et absolue pour nous, dans le sens et le cercle où chacun de nous ne blesse pas le droit d'autrui ?

Nous nous sommes réservé la liberté de notre religion et de notre conscience intime ; et nous avons défendu, au moins implicitement, à nos représentants, de permettre à un général ministre, qui se dit l'État, d'imposer des pasteurs de son choix aux commissions diverses. Or, comme catholiques, nous condamnons cet acte de ce général qui nous a imposé, à nous qui sommes libres, un archevêque nommé par lui pour le siége de Paris. La religion, qui est notre propriété la plus sacrée, doit être libre comme nous-mêmes. Pourtant un tel acte d'oppression religieuse n'a pas trouvé la moindre contradiction de la part de l'assemblée nationale.

Nous nous sommes réservé la liberté de nos familles, la liberté de l'enseignement de nos enfants ; et nous avons également défendu à nos représentants de permettre à des ministres d'organiser un enseignement de l'État, qui, de plus, sous le nom de gratuité d'instruction, n'est qu'un monopole odieux qui transforme les pères de famille et les enfants en de véritables esclaves marqués tous à l'effigie de l'État.

Comme catholiques, nous avons condamné en tous temps, au nom du principe de la liberté, ce système d'oppression religieuse, ce moyen de destruction de notre propre foi dans nos enfants. Nous sommes justement blessés de voir l'assemblée nationale se perdre hors de son droit ou mandat de délégation, en approuvant, en proposant la confiscation de la liberté d'enseignement, dans une discussion vraiment sérieuse de tous les projets insensés d'un ministre de l'instruction publique, ou dans quelques articles aussi absurdes d'une constitution illibérale et despotique.

Nous nous sommes réservé notre droit d'administrer entre nous la commune où nous habitons, le département dans le cercle duquel nous sommes renfermés ; et

nous nous indignons de voir que ce droit démocratique
du gouvernement du pays par le pays est menacé par
tous les articles de cette même constitution, qui rend
l'État maître absolu de la commune et du département;
comme on vit la dynastie déchue détruire en dix-
huit ans toutes les libertés communales et départementales, et ne laisser subsister que son despotisme cen-
tralisé, pour devenir maître de tous les droits et biens
des citoyens français.

Aussi un cri général s'élève en France contre l'abus
du mandat des représentants du peuple siégeant en
assemblée nationale. Le mandat tacite qu'ils ont reçu
de nous n'avait pu être que limité, temporaire, condi-
tionnel. Ils l'ont rendu caduc en le retournant contre
notre propre liberté; car la souveraineté absolue n'est
qu'aux citoyens, et ceux-ci ne peuvent s'en dessaisir entièrement, ni l'aliéner en aucune manière. Tout ce
qu'on fera à cet égard contre eux est donc mal en soi,
comme contraire au droit naturel. Ainsi c'est l'assemblée elle-même qui se frappe dans son droit de représentation, lorsqu'elle frappe sur tous les droits des citoyens qui l'ont nommée. Elle renverse la raison de sa
propre existence et nie en même temps toutes les lois
de l'ordre social.

Les représentants, bien loin d'être omnipotents en
tout ou en partie, sont eux-mêmes responsables solidairement de l'exercice des pouvoirs qui ne leur ont été
confiés que sous la condition nécessaire qu'ils respecte-
raient avant tout le droit de ceux dont ils ont obtenu
la délégation. Ils ne peuvent donc rien faire de vrai ni

de bon qu'autant qu'ils ne blessent jamais l'intérêt de ceux pour lesquels ils stipulent ; et encore ils ne sont pas les derniers juges de ces intérêts. Il faut qu'ils reviennent à tous moments rendre compte de ce qu'ils ont fait, pour obtenir la confirmation de leurs actes.

C'est ainsi que la constitution élaborée par les mandataires doit revenir aux mandants pour être approuvée, modifiée ou rejetée. Et c'est là l'abus actuel du mandat de la part des représentants, puisqu'ils semblent vouloir tous décréter que leur œuvre ne sera pas revisée ni approuvée par la nation qui les a nommés.

La souveraineté appartient donc toujours à chaque citoyen. Le représentant qui a obtenu les suffrages du peuple ne peut donc prétendre qu'à un pouvoir de seconde main, qu'à un pouvoir d'emprunt, qu'à un pouvoir qui périt, s'il n'est pas sans cesse soumis à la sanction du véritable souverain et sans cesse ravivé par lui.

Ainsi, d'abord, la liberté du citoyen se résume dans le droit de pratiquer librement son culte, d'enseigner librement sa famille ou celles des autres qui lui seraient confiées, de jouir de ses biens en toute sécurité, d'exercer une industrie ou un commerce qui soit licite, de s'associer de toutes les manières qu'il croira utiles à la défense de ses intérêts propres ou communs à plusieurs, de s'assembler paisiblement pour conférer ensemble sur leurs besoins, de manifester leurs pensées, leurs volontés, par la voie libre de la presse ou autrement. Tel est l'ensemble des conditions de la liberté civile, qu'aucun citoyen n'a pu vouloir

céder ni soumettre au caprice des représentants mandataires à l'assemblée nationale. C'est là la portion
de souveraineté qu'il s'est réservée exclusivement et
qui est en elle-même inaliénable. Tout homme qui la
cèderait en l'aliénant ne serait plus un homme : il de-
viendrait la chose du représentant qu'il aurait élu ; et
par un renversement d'idées, de souverain par la grâce
de Dieu, il se ferait esclave au nom de l'homme, et il
perdrait son nom avec tous les droits particuliers à
l'être intelligent et moral.

C'est pourtant ce qu'a rêvé l'assemblée nationale,
présidée par des communistes aux belles paroles. Elle
se croit et ose se dire omnipotente. Comme M. Ledru-
Rollin, elle prétend avoir des pouvoirs souverains,
absolus, illimités, et entend disposer entièrement des
droits de tous les citoyens français. Elle veut faire de
nous tous véritablement sa chose. Or c'est ce qui ne
sera pas.

Nous l'avons dit, il est temps de comprendre dans
nos départements la position d'amoindrissement et
d'annihilation que veut nous faire l'assemblée nationale, en se déclarant permanente et en nous votant
une constitution communiste, dont aucun de nous ne
peut vouloir sincèrement.

La voie du salut public et du sauvetage de nos libertés, au milieu du bouleversement des choses actuelles,
nous est ouverte par les conseils généraux et par les
conseils d'arrondissement et de municipalité. C'est là la
seule chose bonne et réellement utile qui ait été faite
par l'assemblée nationale depuis cinq mois. C'est là un

appel aux vœux et à la raison de la nation. C'est le seul moyen qui soit offert aux Français de défendre leurs libertés et leurs droits, trop méconnus aux élections générales des représentants du peuple, parce qu'elles furent faites sous l'intimidation des circulaires ministérielles, sous la pression de certains commissaires passionnés imposés aux départements.

C'est par le décret qui renouvelle les conseils municipaux, départementaux et d'arrondissement, au moyen du suffrage universel, que la république honnête peut être fondée contre la domination insupportable du despotisme de Paris.

Les conseils municipaux et la libre nomination des maires et adjoints ont remis l'administration des communes aux véritables mains que le bon sens devait reconnaître : c'était logique. Les citoyens sont souverains, aux termes du nouveau droit surgi de la révolution de 1848. De même qu'ils doivent se gouverner eux-mêmes dans leur vie privée, ils doivent s'administrer et se gouverner eux-mêmes dans la vie publique, communale ou départementale. Quant aux attributions qu'ils doivent avoir, le sens commun l'indique suffisamment. Aucune analogie ne doit se tirer du gouvernement déchu, qui ruinait tous les jours les institutions locales, et qui avait réduit à néant les attributions municipales et départementales.

Les droits de la commune reparaîtront par la force des choses. Le principe entraîne sa conséquence.

Mais, pour en hâter le développement, il est nécessaire que le conseil général de chaque département s'organise lui-même par sa propre force. Il sera l'appui et le complément des conseils municipaux, qui trouveront en lui un nouveau principe de force qui s'ajoutera à leur propre droit.

Ce préambule était nécessaire pour bien expliquer comment nous entendons la tenue des nouveaux conseils généraux sortis du suffrage universel.

§ 1er. — VÉRITABLES ATTRIBUTIONS DES CONSEILS GÉNÉRAUX.

La question des droits des conseils généraux est très-grave. Comme tout ce qui existait sous l'ancien gouvernement est tombé avec la charte de 1830, on ne peut donc invoquer aucun précédent pour définir les droits des conseils généraux. D'ailleurs l'ancienne législation ne les définissait pas. La loi du 10 mai 1838 n'avait évidemment d'autre but que la destruction même de tous les pouvoirs départementaux, pour ne laisser subsister que l'autorité du préfet, appuyée de celle du ministre, dont il était l'émanation. Le conseil d'État, où tout venait aboutir, pour donner une apparence d'institution réelle, n'était lui-même que le pouvoir ministériel concentré et habilement déguisé.

Cette loi de 1838 avait été faite contre la liberté des citoyens, et pour agrandir le pouvoir royal, qui dominait tout par la centralisation. On avait transformé les conseils généraux en une assemblée de commis de préfecture chargés de répartir, au marc le franc, les contributions directes entre les arrondissements. Cette loi se bornait à régler longuement les devoirs des conseillers généraux à l'égard de tel ou tel chapitre ou section du budget départemental. C'était là comme une niaiserie pour distraire les conseils généraux de leurs droits naturels, et leur faire ainsi user le temps de leur réunion d'une manière insignifiante.

Certaines questions locales leur étaient bien soumises ; mais jamais ils n'avaient le droit de les décider souverainement. Tout devait se borner à un simple avis, dont les préfets se moquaient devant les conseils mêmes, tant les liens de la centralisation du pouvoir dans la main du chef de l'État étaient tendus et serrés.

Pourtant les membres de ces conseils, impatients de se trouver ainsi comprimés par l'autorité centrale de Paris, avaient essayé de se prévaloir d'un très-petit article échappé dans la loi de 1838 à la rigoureuse surveillance de l'autorité royale, pour motiver un chapitre de vœux qui s'étendait plus ou moins, suivant l'énergie ou la faiblesse des hommes qui faisaient partie de ces conseils.

Mais, en définitive, ce chapitre de vœux se réduisait à peu de chose, et il n'aboutissait qu'au stérile honneur d'une mention honorable dans la récapitulation que le ministère faisait faire chaque année de tous les vœux des conseils généraux. Quelquefois même ces vœux, s'ils heurtaient trop ouvertement les volontés des ministres et des préfets, n'avaient pas même l'avantage de voir le jour dans le compte rendu. Ils allaient pourrir dans les cartons des archives départementales.

Mais toujours les conseils généraux étaient bons

quand il fallait voter des impôts sur le département,
pour des entreprises souvent peu utiles ou purement
de luxe pour la ville chef-lieu du département. Et le
peuple n'estimait guère les conseils qui n'apparais-
saient que pour accroître les charges du département,
sans qu'aucun résultat visible pour lui ne vînt té-
moigner de l'utilité de l'accroissement des contributions
qu'il payait.

C'est ainsi que tous les préfets, sans exception, ne
considéraient ces conseils que comme de pures ma-
chines qu'ils mettaient eux-mêmes en jeu pour faire
sortir par des votes l'accroissement d'impôts ; et
plusieurs même le disaient bien hautement dans les
termes les plus dédaigneux. Il s'ensuivait que, pour
beaucoup d'ambitieux de province, les honneurs de
conseillers généraux n'avaient été sollicités, auprès de
l'indifférence des peuples, que pour obtenir des emplois
lucratifs par l'intermédiaire des préfets ; on les voyait
accepter tout ce que voulait le pouvoir contre les droits
des peuples ; et même ils couraient au-devant des préfets, s'honoraient d'être par eux invités à dîner ; descen-
dant ainsi, par obséquiosité, au rôle d'agents subordonnés à l'autorité qu'ils auraient dû contrôler. Devenus
ainsi les créatures du pouvoir, ces conseillers avaient
perdu tout crédit, toute considération. Les conseils généraux étaient ainsi tombés bien bas dans l'opinion publique. C'était là ce qu'avait voulu atteindre le dernier
gouvernement : la ruine des libertés publiques, l'oppression des peuples, au moyen de la centralisation,
condition de tout despotisme en France.

Il n'y a donc pas moyen d'aller puiser dans l'ancienne législation quelques éclaircissements sur les droits et les attributions des nouveaux conseils généraux élus dans des conditions toutes différentes. La loi absurde de 1838 est tombée dans le gouffre creusé par la révolution de février. Elle doit y rester pour l'honneur du principe de liberté qui est actuellement proclamé.

Il faut se reporter au temps et aux circonstances graves où nous sommes, pour chercher et déterminer les véritables attributions de ces conseils.

Il faut surtout les déduire du principe démocratique de la nouvelle République, et de l'élément populaire qui a véritablement donné la vie aux nouveaux conseils généraux.

Évidemment les conseils généraux, nommés par le suffrage universel de chaque canton, constituent aujourd'hui, au chef-lieu du département, un corps puissant chargé de défendre l'ordre dans le département, de développer les libertés publiques, d'avoir la haute main sur tous les fonctionnaires administratifs du département, de veiller au maintien de tous les droits des citoyens et à la défense de la liberté communale.

Ils sont, en un mot, le corps conservateur de toutes les libertés, en même temps que l'appui de toutes les mesures d'ordre et de sûreté publique. Rien de ce qui intéresse les citoyens, les communes, le département et la France elle-même, ne peut leur rester étranger. Ils veilleront surtout au maintien de la paix civile, premier besoin de toute société libre. Mais dans les temps d'agitation ou de révolution, dans les mo-

ments où la capitale est en état de siége , lorsqu'on y
discute, dans une constitution à faire, les droits publics
des Français, alors les conseils généraux doivent s'in-
spirer des grands devoirs qu'ils ont à remplir. Ils doivent alors s'établir en permanence et veiller à l'ordre
public et au respect des droits civils, dont ils sont établis les défenseurs naturels. Ils puisent leurs droits
à la source même de l'élection dont ils procèdent. Ils
peuvent prendre les mesures d'urgence, parce qu'ils
sont toujours prêts à rendre compte à leurs concitoyens de l'exercice de ces pouvoirs discrétionnaires.

Le principe démocratique qui établit que le citoyen
doit se gouverner dans tout ce qui est de son domaine
privé ; que les communes , qui sont des associations
civiles, doivent se gouverner elles-mêmes, au risque de
se faire mal à elles-mêmes ; ce même principe démocratique conduit nécessairement à cette conséquence,
que les conseils généraux doivent gouverner, ou à peu
près , les intérêts des départements et s'immiscer dans
tous les rapports entre les diverses communes, et surtout veiller à ce que les pouvoirs supérieurs, même
ceux procédant comme eux de l'élection populaire ,
n'abusent pas de leur mandat et ne tournent pas contre
les droits et la liberté du peuple la puissance qu'ils
n'en ont reçue que pour défendre ses droits.

Le temps qui éclaircit tout , l'expérience qui modifie
les faits, feront ressortir de plus en plus dans la prati-
que les avantages de ce gouvernement républicain
dans l'ordre individuel, local et général, et fixeront
ainsi les véritables attributions des conseils généraux.

Évidemment ces conseils généraux vont donc se créer eux-mêmes, par la force de la révolution de février, les attributions qui découlent de ce double principe de l'élément populaire et de la souveraineté civile.

Si ces conseils ont l'instinct de leur force et de leur haute mission, ils se seront bientôt organisés fortement eux-mêmes, sans avoir besoin d'obtenir l'autorisation de l'assemblée nationale de Paris ; car celle-ci peut-être ne comprendra pas de sitôt que toute sa force doit lui venir de celle des conseils généraux ; et elle pourrait aujourd'hui céder à des mouvements de jalousie et d'ombrage qui la pousseraient à affaiblir les conseils généraux, et à tourner contre le peuple, qui a élu ces conseils pour le défendre, la puissance qu'elle a reçue elle-même pour proclamer législativement les droits politiques.

Mais ceux-ci, retrempés plus fraîchement dans la source de la souveraineté électorale, sauront, avec fermeté et sans passions, prendre la liberté qui leur appartient, surtout dans ce moment où il s'agit de sauver Paris et l'assemblée nationale, ou de l'anarchie qui les menace, ou du despotisme militaire qui semble un danger prochain.

Nous ne pouvons entrer pour le moment dans un traité complet des attributions des nouveaux conseils généraux. C'est à la longue qu'elles se développeront, parce qu'elles seront naturellement le fruit de l'application du principe démocratique qui fait aujourd'hui le fond de la République.

Mais nous pouvons assurer que si ces conseils comprennent leurs devoirs, ils fonderont une institution de liberté qui attachera les Français au pays et les préservera de ces secousses et révolutions funestes qui, depuis soixante ans, viennent ébranler l'édifice social à chaque période de près de dix ans.

Pour le moment, nous voulons nous borner, dans ce petit écrit, à tracer la voie à suivre par les membres des prochains conseils généraux de la section de 1848, en développant toutes les circonstances de la tenue prochaine, qui doit avoir lieu le 5 du mois prochain.

§ 2. — CONVOCATION DES CONSEILS GÉNÉRAUX, ET DEVOIRS QU'ILS SONT APPELÉS A REMPLIR.

L'ordonnance vient d'être rendue. Les conseils généraux de toute la France doivent ouvrir leur session le 5 octobre prochain ; et comme le pouvoir qui tient Paris en état de siége, qui a supprimé la liberté de la presse, et qui vise à l'établissement d'un pouvoir dictatorial, sous le masque d'une république française unitaire et centralisatrice ; comme ce pouvoir a peur des conseils généraux, il a, de sa propre autorité, réduit leur session à cinq jours, au lieu de quinze, fixés par la dynastie déchue.

Reste à savoir si les conseils accepteront la limite de temps qu'a voulu fixer le pouvoir maître de Paris, et s'ils consentiront à la réduction de toutes leurs attributions. C'est aux conseils à juger eux-mêmes leurs droits et l'étendue de leurs devoirs. Nous traiterons cette question plus loin, lorsqu'il s'agira de parler du droit de permanence des conseils dans les circonstances extraordinaires et anormales.

Les conseillers actuels se prépareront donc pour ouvrir leur session le jeudi 5 octobre prochain.

Ils devront se rendre au chef-lieu du département au moins cinq jours avant l'ouverture de la session. Là ils se verront, se concerteront, s'entendront pour toutes les questions qui devront être traitées au conseil général. Ils se réuniront dans quelque local privé ou maison particulière, et tâcheront de disposer d'avance une majorité intelligente qui se prépare à bien soutenir les principes de liberté publique ; c'est-à-dire que le point commun doit être l'établissement du vrai système d'une république honnête, qui loyalement reconnaisse au pays le droit d'administrer le pays publiquement par des conseils hiérarchisés, partant du citoyen père de famille, s'ordonnant en conseils municipaux, en conseils d'arrondissement, en conseils de département, et s'élevant jusqu'au conseil unique supérieur dit l'assemblée nationale. Il n'y a pas d'autre république possible aujourd'hui que dans cet ordre logique d'idées, parce que la souveraineté a cessé d'être de droit royal ; et par conséquent elle ne peut être comme on veut la faire, de droit parisien, du droit de quelques ambitieux qui s'emparent du gouvernement et se proclament chefs de l'État. C'est ici un despotisme pire que celui des royautés absolues. L'idée de souveraineté ou de droit est antagoniste à l'idée de violence, de force brute, de pouvoir militaire ou individuel, de pouvoir exercé au nom d'un état sans raison d'être.

La souveraineté première n'est que dans le citoyen.
Il faut que les membres des conseils généraux aient toujours les yeux fixés sur le principe qui consacre leurs
droits, qui fait leur force d'action, qui règle et délimite
leurs pouvoirs dans la sphère véritable du droit. Ils ne
sont eux-mêmes que la conséquence de ce principe fondamental. Ils peuvent donc tout ce qui est dans la direction de ce principe, comme ils ne peuvent rien contre
ce qui lui est contraire; car ce serait agir contre le droit
de leurs commettants, véritables souverains dans l'ordre
social, politique et administratif. On comprend qu'ils
sont établis pour surveiller les autres pouvoirs, même
celui de l'assemblée nationale, en les rappelant toujours
au principe d'origine, à la véritable souveraineté civile,
dont nul ne peut s'écarter sans appeler aussitôt contre
lui toutes les forces des autres citoyens.

Le pouvoir est un dans une véritable république logiquement organisée, car il vient toujours de la même
source, toujours du citoyen, qui est le vrai souverain
possesseur de lui-même. Ce pouvoir, confié à différents
conseils dans des ordres divers, est en même temps exercé
SOLIDAIREMENT par tous ceux qui y participent. Ainsi,
lorsqu'un conseil municipal, général ou national, s'écarte
du principe de souveraineté civile, base de tout gouvernement républicain, il doit être averti et rappelé au
droit commun par tous les autres pouvoirs, dans quelque
ordre hiérarchique secondaire qu'ils se trouvent. A plus
forte raison, les conseils ont le droit de contredire et de
combattre l'excès de pouvoir des agents d'administration, tels que ministres, préfets, sous-préfets et autres

membres du gouvernement central ; car ces derniers pouvoirs sont bien plus éloignés que ceux des conseils de la source dont ils dérivent tous.

Ainsi les membres des conseils généraux ont tout droit de se préparer en pleine liberté pour surveiller les autres pouvoirs, et les préfets ne peuvent gêner en aucune manière tous leurs mouvements.

Réunis donc à l'avance de cinq jours, ils devront se concerter pour choisir leur président, leurs secrétaires, et pour arrêter toutes les mesures qui peuvent donner à leur session l'importance et la solennité nécessaires.

Ainsi le doyen des conseillers qui présidera le conseil, devra pendant les cinq jours d'avance réunir autour de lui le plus grand nombre de membres, les consulter et décider ensemble dans quel local de la ville ils devront tenir leurs séances publiques.

Il serait à désirer que ce ne fût pas à la préfecture, comme tous les anciens conseils de la dynastie déchue. Le préfet, dont le pouvoir sera nécessairement très-amoindri par l'attitude de ces conseils, désirera, comme précédemment, les avoir dans son hôtel, pour les dominer davantage. Cela avait lieu ainsi autrefois, le préfet était l'homme du pouvoir, l'homme du roi et de ses ministres. Aujourd'hui le préfet n'est plus qu'un fonctionnaire de troisième ordre ; il est l'homme du ministre, qui tient ses pouvoirs d'un président des ministres, lequel président ne tient ses pouvoirs essentiellement révocables que de l'assemblée nationale. Celle-ci seule a puisé directement à la source de la souveraineté des électeurs, et n'a pu former que des pouvoirs inférieurs à elle-même.

Il est donc vrai de dire que le préfet ne tient ses pouvoirs que de la quatrième main, c'est-à-dire que le cachet populaire, s'effaçant de plus en plus à chaque transmission ou délégation de pouvoir, le préfet a perdu tout caractère d'homme d'élection populaire. Il n'est guère que l'homme payé d'un ministre payé.

Il faut pourtant s'attendre qu'il s'opposera au développement des droits du conseil général. Il invoquera les ordres ministériels; il parlera au nom de l'État; mais l'État n'est autre que la chose publique ; et ce sont, dans la démocratie, les citoyens qui règlent et créent la chose publique ou l'État, ou qui constituent la République.

L'État n'est qu'une fiction, qu'un vain mot, au moyen de quoi on s'efforcera de frapper les droits et la liberté des peuples.

Les conseils généraux auront beaucoup à lutter contre les efforts du préfet, qui voudra annihiler l'autorité de ces corps élus et les circonscrire dans un cercle emprunté aux législations monarchiques.

Ils auront donc à remettre sans cesse le préfet à sa véritable place, sans lui permettre d'attenter aux droits des conseils ; et ils lui rappelleront sans cesse que la nouvelle législation est toute à créer en la déduisant de l'élément populaire dont ils sortent.

Il serait donc à désirer que les présidents doyens des conseils généraux fissent choix d'un local qui ne fût pas à la préfecture. Leur propre indépendance en serait le vrai motif.

Le local une fois trouvé, il importe que le président-doyen, assisté de quelques membres, le visite, avant le jour de l'ouverture des séances, pour s'assurer que la disposition en est bonne.

Alors il affecte une portion de la salle pour la grande table autour de laquelle doivent se réunir les membres du conseil. Une estrade doit être disposée commodément pour la place du président, et en dehors de la table où siégent les membres, on doit placer une petite table avec un fauteuil pour la place du préfet.

Car le préfet n'a pas voix délibérative, et il ne peut être confondu avec les membres qui, élus par le peuple, en sont les représentants directs, et qui seuls ont le droit de prendre part à la délibération et aux décisions du conseil.

Cette place à part affectée honorablement au préfet, mais d'une manière très-distincte, est une mesure indispensable, pour faire reconnaître au public l'indépendance et la haute autorité du conseil général. Si l'on omettait de le faire, le conseil perdrait toute sa dignité et sa puissance. Il irait se fondre dans l'autorité préfectorale, et manquerait ainsi à ses devoirs et à sa mission.

En fait de pouvoir sérieux, il n'y a que la préséance publique qui le détermine. Prendre le second rang, quand on est appelé à occuper le premier, c'est sortir de son droit, c'est même le renier complétement; car c'est favoriser l'usurpation de son propre pouvoir.

Très-probablement, le préfet contestera cette distinction d'une table et d'un fauteuil à part; mais le conseil, qui décide tout, maintiendra cet ordre de rang, et alors toute la session deviendra plus calme, et moins agitée. Les questions seront ainsi tranchées par le point de la salle d'où elles partiront.

Le président-doyen devra s'occuper en même temps de fixer une part suffisante de la salle pour l'assistance du public; mais cette portion ne doit pas être trop considérable : autrement l'assistance écraserait l'assemblée. Cette portion réservée au public ne devrait être que de cent à cent vingt personnes; et elle doit être disposée de manière à ce qu'il y ait un intervalle assez grand entre le public et les conseillers, de telle sorte que personne ne puisse lire ce que ceux-ci pourraient écrire ou annoter sur leurs pupitres.

Les journalistes de la ville doivent avoir des places réservées.

Il doit y avoir aussi une place commode pour les secrétaires-commis ou sténographes, que le conseil doit s'adjoindre pendant le temps de la session; car il importe que les procès-verbaux des séances soient rédigés avec soin sous l'inspection des conseillers-secrétaires; et ce choix d'hommes capables est très-important à désigner à l'avance.

Le conseil doit aussi désigner à l'avance deux personnes faisant office d'huissier, revêtues d'une ceinture bleue et munies d'une baguette noire, pour veiller sur le public et empêcher toute manifestation d'improbation ou d'approbation.

La salle ainsi préparée et disposée plusieurs jours avant la session, suivons le conseil dans sa première séance.

Les membres, entrant dans la salle, se rangent autour de la table. Leur doyen occupe le fauteuil de la présidence, et après que tous se sont casés de leur mieux, il annonce que la séance est ouverte, en lisant l'ordonnance de convocation rendue par le pouvoir exécutif.

Sans doute le préfet voudra s'arroger le droit d'installer le conseil; il voudra lire l'ordonnance de convocation, et peut-être prononcer un discours d'installation..

Ici il faut prendre garde de laisser exercer par le préfet une autorité supérieure sur le conseil. Si l'on ne peut empêcher la lecture qu'il fera de l'ordonnance de convocation, du moins il ne faut pas permettre que ce fonctionnaire prononce d'abord un discours, dans lequel certainement il cherchera à établir que l'autorité dont il est revêtu est supérieure à celle du conseil, et que le pouvoir, étant de même origine, ne peut se distinguer par les divers canaux qui lui servent de conducteurs; ou que l'assemblée nationale est omnipotente, et qu'il n'y a aucun droit civil que ceux qu'elle reconnaît : toutes choses que le conseil ne peut entendre sans une protestation immédiate.

Alors le président doyen doit s'opposer à tout discours du préfet avant la constitution du conseil, qui n'a pas encore nommé son président et ses secrétaires.

On doit s'occuper avant toutes choses de nommer au scrutin secret, et à la majorité absolue, d'abord le président.

Si la majorité absolue ne peut pas être obtenue au premier tour de scrutin, il en est fait un second.

Si la majorité absolue manque également, il est procédé à un troisième tour de scrutin à une majorité relative.

Les mêmes voies s'emploient pour l'élection de deux secrétaires.

Ces deux secrétaires sont nécessaires aujourd'hui que les conseils sont plus nombreux qu'autrefois, puisqu'il y a un membre par canton; et ils sont indispensables à raison de la publicité qu'il faut donner aux séances.

Ces deux secrétaires sont préposés en outre pour la surveillance et la direction des secrétaires-commis ou sténographes que le conseil doit entretenir auprès de lui.

Si l'on veut, on peut nommer un vice-président, surtout sur la demande du président élu.

Le conseil ainsi constitué, le nouveau président, aussitôt installé, s'empresse de demander à M. le maire de la ville un peloton de la garde nationale, pour veiller à l'entrée du conseil, faciliter le libre accès du public dans la salle, et pour faire la police sous ses ordres.

Alors le président donne la parole à M. le préfet pour les communications qu'il doit faire au conseil.

Après le discours du préfet, s'il n'y a pas lieu de lui répondre, le conseil reçoit les pièces qui lui sont communiquées, et il s'occupe de la division des membres en divers comités.

Ces comités sont composés de ceux des membres qui demandent à en faire partie.

Il doit être élu au préalable un comité spécial qui, d'accord avec le président, doit préparer un règlement intérieur pour les séances du conseil.

Ce règlement doit être extrait de celui qui a été adopté par l'assemblée nationale. Il est indispensable pour l'ordre et la dignité du conseil, à raison de la publicité des séances. Autrement il pourrait en résulter du désordre dans les délibérations ; et il importe que tout se passe avec aplomb et convenance dans un conseil appelé à défendre publiquement les intérêts du département.

Il faut donc établir dans ce règlement, que la parole doit toujours être demandée au président, qui inscrit l'ordre des orateurs ; que toute proposition doit être renvoyée aux comités sur la décision du conseil, et qu'on ne délibèrera qu'autant qu'il y aura dans le conseil la moitié plus un des membres qui le composent, etc., etc.

Nous n'indiquerons pas ici toutes les conditions de ce règlement. Il sera facile de le faire suivant le mode usité dans toutes les chambres indépendantes.

Il y aura lieu de s'occuper avant toute délibération du mode de publicité par la presse des séances du conseil. On ne peut s'abandonner à cet égard au rôle des journalistes qui assisteront à la séance, et qui peuvent la travestir et en rendre un compte inexact.

C'est aux deux secrétaires, assistés de secrétaires-commis ou sténographes, qu'est confiée la rédaction exacte des comptes rendus de la séance, en dehors des journalistes, qui en parleront à leurs divers points de vue.

Pour cela il importe que les secrétaires fassent eux-mêmes imprimer le compte rendu de chaque séance sur des feuilles in-8°, qui pourront être, en fin de la session, réunies dans un même volume intitulé *Compte rendu, aux électeurs du département, de la session de leur conseil général*. Les frais de ces impressions seront imputés par le conseil sur le budget spécial du département. On pourrait faire tirer en feuilles à mille exemplaires, pour être distribués à tous les maires et à toutes personnes graves qui s'intéressent aux affaires du département. Il en sera envoyé toujours un exemplaire à chaque conseil général de France.

C'est pour cela qu'il convient de choisir pour secrétaires du conseil des membres versés dans ce genre de connaissance. On conçoit que la rédaction de ces procès-verbaux intéresse tous les membres du conseil général.

§ III. — QUESTIONS GÉNÉRALES.

Maintenant nous allons aborder des questions plus graves, celles qui tiennent aux devoirs actuels des conseils généraux.

Or, dans les circonstances si critiques où se trouve la France, quand la capitale est depuis près de trois mois sous le régime exceptionnel du sabre, sous l'arbitraire de l'état de siége ; quand la constitution que l'assemblée nationale prépare ne peut être discutée à Paris par l'opinion publique, à raison de la suspension de la liberté de la presse ; et lorsque l'anarchie et le despotisme se disputent à tour de rôle la domination de Paris ; évidemment, dans ces circonstances où la province l'emporte sur Paris par sa sagesse, par son calme, par son amour de l'ordre, par son respect pour toutes les libertés civiles, par son ardeur à venir secourir Paris ; évidemment, c'est aux départements, c'est-à-dire aux conseils généraux, à veiller à la conservation en France de tous les biens sociaux qui lui sont acquis depuis longtemps, au maintien de l'ordre public, à la sécurité de tous, au respect de la liberté de chacun, aux droits de tous les citoyens, aux garanties des droits de la famille et de la propriété.

C'est dans les conseils généraux que se réfugie la société actuelle, menacée par le communisme qui déborde dans l'assemblée nationale, et que l'on veut nous imposer par une constitution infectée de ces principes dangereux. Évidemment les Français repoussent le projet qui est actuellement débattu, parce qu'il est la négation du droit civil, de la liberté, de la religion, de la famille, de la propriété, et de toutes les conditions de l'ordre social.

Les conseils généraux commenceront donc leur session par se rendre les interprètes de cette partie saine de la nation qui condamne toutes les doctrines subversives du temps actuel, et qui veut jouir elle-même et assurer à tous la possession des avantages d'une société fondée sur la moralité de la religion chrétienne et sur une vraie république qui détruise l'esclavage du département et la tyrannie de Paris.

Tous les citoyens honnêtes, tous les amis sincères de la patrie, tous les hommes religieux et moraux, tant à Paris que dans les départements, tournent leurs espérances de salut du côté des conseils généraux et

des conseils municipaux des grandes villes ; et ils atten-
dent de ces conseils des mesures prudentes et énergi-
ques pour protéger les départements et la capitale
contre les barbaries de l'anarchie, contre les brutalités
du despotisme et contre les utopies communistes d'une
assemblée nationale qui semble déjà usée dans l'opinion,
parce qu'elle est sans règle et sans majorité morale, et
qu'elle entend créer un pouvoir despotiquement domi-
nateur sur les provinces..

Honneur donc aux conseils généraux qui se dévoue-
ront pour sauver la France et pour la préserver des
malheurs qui la menacent de plus en plus. Honneur aux
hommes de courage et d'intelligence qui se porteront
dans les conseils généraux comme les défenseurs intré-
pides de la société, de la liberté, de la religion et de
la paix publique. Eux-mêmes peuvent faire renaître le
commerce, l'industrie et la confiance publique, et nous
ramener des jours plus heureux sous un gouvernement
régulier, sous une république dont les communistes
seraient exclus des emplois, et les hommes honnêtes
appelés seuls à la fonder au profit de tous.

Mais, pour arriver à cette position forte et élevée, il
faut que les conseils généraux ne craignent pas de marcher seuls sans le secours des préfets. Il faut d'abord
qu'ils mettent de côté, pendant les premiers jours de leur
session, toutes les affaires proposées par le préfet. Surtout il importe que la répartition de l'impôt entre les
arrondissements soit ajournée aux derniers temps de la
session, et que ce soit là comme la condition d'une
meilleure marche gouvernémentale, et du retour de Paris

à l'égalité et aux droits de la presse. Toutes les questions qui n'intéressent le département que secondairement, et qui ne sont pas réputées urgentes, doivent être également ajournées.

Or les conseils doivent sur-le-champ, et dès les premiers moments, amener la discussion des grandes questions sociales dont tous les hommes d'ordre et d'avenir se préoccupent avec raison dans ce moment.

C'est la question de la constitution qu'il faut agiter d'abord dans les premiers jours de la session départementale.

Il faut l'aborder franchement et sans craindre de dépasser les droits des conseils ; car, enfin, pour qui fait-on cette constitution ? apparemment pour les citoyens français. Eh quoi ! ils ne seraient pas même consultés dans tous les lieux où leurs suffrages se concentrent, soit dans les conseils municipaux et d'arrondissement, soit dans les conseils départementaux ?

Ce serait donc contre les citoyens français, sans eux et malgré eux, que l'assemblée nationale prétendrait leur imposer les doctrines communistes de M. Marrast, auteur du projet de constitution, et aujourd'hui préconisé président de fait, pour faire adopter sous lui, devant lui et par lui, sa propre constitution, sans débat, de presse et sous le sabre de l'état de siége.

Tout est déraisonnable dans la conduite actuelle d'une assemblée qui s'est laissée comprimer, dominer, écraser par ce noyau d'hommes qui s'est emparé des affaires dès le lendemain de la révolution de février. Cette assemblée, composée de petites minorités discordantes., ne se connaît plus elle-même ; et ce qui suffit pour la faire juger, c'est qu'elle doute d'elle-même, qu'elle a peur de revenir à la source électorale pour renouveler son mandat : c'est qu'elle ne craint pas de se déclarer en permanence pour je ne sais combien d'années encore, en s'attribuant le vote de lois organiques, qu'elle ose revendiquer comme un droit d'elle-même, sans même aucune apparence de mandat.

La France est lasse de ces jeux d'ambition dans lesquels quelques hommes renient le droit des Français, et où ils s'imposent forcément, bien que l'opinion les repousse.

Les conseils généraux aideront donc à la force de l'opinion publique, qui, de toutes parts, demande le renouvellement de l'assemblée nationale par le suffrage universel déposé au chef-lieu de chaque commune. Après tant de secousses, cette assemblée, mal improvisée, a été trop ébranlée pour pouvoir encore continuer, sans retour au droit électoral, une mission mille fois obscurcie par les projets insensés d'un grand nombre de ses membres.

Les conseils généraux doivent frapper ce grand coup, et ils en ont le moyen. Ils doivent redresser l'assemblée nationale, si cela est possible, en lui présentant un projet de constitution qui puisse se borner à un très-petit nombre d'articles, et qui doive rappeler toutes les libertés qui appartiennent aux citoyens, comme étant le droit primordial qui doit servir de base aux développements d'une république logique, raisonnable, paisible, florissante et civilisatrice.

Les conditions de cette république doivent être établies sur l'émancipation du citoyen à l'égard de l'État, sur l'émancipation de la commune et du département à l'égard de l'État, sur une double assemblée nationale, toutes deux produites par le suffrage universel ; mais l'une , de cinq cents membres, devrait être élue directement pour trois ans, par le suffrage universel, dans des circonscriptions électorales d'une population de 70,000 habitants, suffrages recueillis aux chefs-lieux de chaque commune. L'autre pourrait être indirectement élue pour six ans par les conseils généraux, et à raison d'un membre par 100,000 habitants. Le président de la république serait élu pour quatre ans par le suffrage direct, universel, recueilli toujours aux chefs-lieux des communes. L'armée serait réduite à de simples cadres d'officiers et de sous-officiers, les soldats, en temps de paix, devant être renvoyés chez eux. L'impôt serait réduit à sa plus simple expression, et par conséquent supprimé de moitié. Les communes, rétablies dans leurs droits, seraient chargées de subvenir elles-mêmes , comme elles l'entendraient, aux besoins des nécessiteux, chaque indigent devant être renvoyé dans sa commune.

Telles sont les premières bases d'une bonne constitution, purgée de toutes les fausses doctrines du communisme , de toutes convoitises sur la propriété , sans laquelle il n'y a pas de société réelle. Nous publions à la fin de cet écrit l'extrait d'une constitution dont il est urgent que les conseils généraux discutent les conditions, publiquement, franchement, et avec toute la liberté que leur donne leur mandat implicitement reçu aux dernières élections.

Cela veut dire que les bases de la constitution communiste de MM. Marrast et autres représentants sortis de l'école des journaux *le National* et *la Réforme*, doivent être vivement combattues en séances publiques, dès les premiers moments de la session des conseils généraux ; car c'est là la question principale qui préoccupe actuellement tous les Français, et qui va décider du sort prochain de la société en France.

Nous ne parlons pas seulement du préambule du projet de constitution. L'absurdité en saute aux yeux, parce que la République s'impose aux Français, comme ferait une royauté personnelle, un souverain particulier Loin de là, elle ne devrait être que l'expression des vœux et des besoins de tous les citoyens. Cette République reine, une et indivisible dans sa personnalité négative, se pose comme ayant elle-même des droits, des dogmes souverains, et s'engage même à remplir des devoirs. Elle prend possession de son trône en dogmatisant les peuples, en leur imposant aussi des devoirs en son nom, en s'attendrissant et s'apitoyant sur le sort de ses sujets, et en promettant l'assistance et la protection à tous les droits qui sont au-dessous des siens. C'est un monarque puissant, actif, qui commande aux Français et impose ses conditions avec une autorité suprême.

Évidemment c'est là le renversement de toutes les idées d'ordre, de logique et de liberté. La république est l'opposé de toute monarchie quelconque. La république ne règne et ne gouverne pas. Elle est la chose de tous, la négation de toute personnalité gouvernementale. Ce sont les citoyens qui règnent et gouvernent tous leurs intérêts particuliers et publics. Ainsi la république n'a point en elle-même de conscience, de religion, de liberté à elle : elle n'a rien à défendre sous ce rapport. Elle est possédée, et ne possède pas. Elle reçoit la direction des citoyens, et ne leur en donne pas en son nom particulier.

Elle est journellement enseignée dans ce que son gouvernement doit faire, mais elle n'enseigne pas. Elle ne dogmatise pas, car elle est une négation continuelle ou la mobile expression de toutes les opinions particulières. Elle n'impose pas des devoirs aux citoyens, puisqu'elle doit tout recevoir d'eux-mêmes. Elle ne contracte pas des promesses, des engagements avec les citoyens, car elle n'est rien en elle-même, rien par elle-même, et elle doit s'incliner toujours, devant le droit du plus faible citoyen.

Ce préambule pose donc les bases d'un État tout contraire à une véritable république, tout contraire aux droits des citoyens ; et il part d'un dualisme évident entre le pouvoir d'en haut, qui entend s'imposer aujourd'hui aux Français au nom de je ne sais qui ou de je ne sais quoi ; et entre le pouvoir d'en bas, qui se compose des citoyens, et que nos faiseurs de constitution entendent maintenir dans une position de servitude à l'égard de ce qu'ils appellent leur république une et indivisible, c'est-à-dire sous leur propre autorité despotique.

Cette république communiste qu'ils prétendent nous

imposer est le pire des gouvernements. Il n'y a pas de dynastie, d'empereur, de despote et de czar russe, dont on ne dût préférer la domination ; c'est le renver-sement de toutes les libertés conquises depuis soixante ans ; c'est le gouffre du communisme.

Ce préambule doit donc être rejeté par les conseils généraux, après une discussion publique, grave et solennelle.

§. IV. DE LA SOUVÉRAINETÉ ET DE L'OMNIPOTENCE DE LA MAJORITÉ DE L'ASSEMBLÉE NATIONALE.

Mais c'est surtout l'article premier du projet de cons-titution qui doit donner lieu, dans le conseil général, à la plus haute discussion, parce qu'il est la pierre angu-laire sur laquelle est appuyé tout l'édifice du projet de constitution.

Cet article premier est ainsi conçu :

*La souveraineté réside dans l'*UNIVERSALITÉ *des ci-toyens français.*

Si c'est là le principe fondamental de ce nouvel État, république une et indivisible, centrale et communiste, que l'assemblée nationale nous impose sur la proposi-tion et sous la direction de MM. Cavaignac et Marrast, il faut le proclamer bien haut pour que personne ne soit abusé sur l'avenir qu'on nous prépare : il n'y aura désormais plus de libertés pour les citoyens, pour les communes, pour les départements, ni pour qui que ce soit sur le territoire de France.

En effet, ce principe, que la *souveraineté réside dans*

l'universalité des citoyens, ne renferme-t-il pas cet autre principe, comme conséquence irréfragable, que l'assemblée nationale, produite par le suffrage de l'universalité des citoyens français, est véritablement souveraine. Or qui dit souveraine dans la pure acception du mot, dit omnipotente, infaillible et suprême.

Aussi l'assemblée nationale pose le principe qu'elle est omnipotente, c'est-à-dire qu'elle est tout en France. Or dans l'assemblée il y a des partis de toutes les couleurs, depuis des légitimistes, des orléanistes, jusqu'à de fougueux adorateurs du pouvoir dictatorial, ou du pouvoir de la Convention de 1793. Tout s'y décide par des coups de majorité. Donc, là où la majorité triomphe, même à une seule voix, là est la véritable souveraineté, l'omnipotence, l'infaillibilité, la suprématie, suivant l'article premier de cette constitution.

Mais s'il en est ainsi, si toute majorité des suffrages dans l'assemblée nationale devient par le fait souveraine en droit, il ne peut rien y avoir en dehors de cette majorité qui ne lui soit soumis. Tous les droits quelconques découlent de cette majorité toute-puissante. Devant elle disparaît tout autre droit antagoniste, car elle est une et indivisible, et tout ce qui se fera contre elle ou sans son consentement est nul en soi. Il n'y a pas de droit contre le droit, il n'y a pas de souverain contre le souverain véritable.

Alors il faut bien admettre cette autre conséquence logique : c'est qu'il n'y a plus de libertés pour les citoyens pris individuellement, ni même aucun des droits reconnus sous les dynasties précédentes, en matière de sûreté personnelle, de religion, de conscience, d'enseignement, d'association, de propriété, ou de communauté d'intérêts locaux, ni aucun droit civil quelconque, que ces royautés avaient pourtant respectés comme inaliénables et imprescriptibles.

L'inaliénabilité et l'imprescriptibilité de la souveraineté, d'après le texte même de l'article premier du projet de constitution, n'appartiénent qu'à la *souveraineté de l'universalité* des citoyens, conséquemment qu'à l'assemblée nationale ; et *aucun individu, aucune fraction du peuple,* y est-il dit, *ne peut s'attribuer l'exercice de la souveraineté.*

Évidemment, au nom du principe fatal qui sert de base à la nouvelle constitution de M. Marrast, et qui a été adopté et proclamé par l'assemblée nationale, le citoyen français perd tous ses droits, et il ne peut plus les exercer que sous le bon plaisir omnipotent de la majorité de chaque assemblée nationale, qui en dispose souverainement. Il n'a plus aucun droit de défendre sa personne, sa famille et ses propriétés, contre le pouvoir quelquefois désordonné des majorités nationales. Tous les citoyens ne peuvent s'assembler, ni en conseils municipaux, en conseils généraux, qu'autant que la majorité souveraine le voudra.

Dans ce système de nouvelle république à majorité omnipotente, toute minorité est vaincue jusque dans les droits qu'elle défend, toute individualité est détruite jusque dans son existence et dans ses droits naturels, toute raison, tout droit, toute justice n'émane plus que de la majorité de l'assemblée nationale.

En effet, c'est cette majorité omnipotente qui dogmatise dans le préambule de la constitution, qui se
proclame elle-même souveraine. C'est elle qui commande aux Français de connaître, de respecter, d'ai-
mer, d'honorer, de servir et d'adorer; car il n'y aura
plus, par voie de conséquence, d'autre Dieu sur la terre
plus omnipotent qu'elle. *Credo in unum Deum omni-
potentem*, disait-on naguère ; mais dorénavant il fau-
dra dire : Je crois dans la majorité divine de l'assemblée,
dont MM. Marrast et Cavaignac sont la toute-puissante
émanation.

Est-ce donc là autre chose que l'admirable république
fondée sous la Convention de si glorieuse mémoire? C'est
la même logique qu'au temps des Robespierre, des
Marat et des Danton.

Oui, c'est le même principe gouvernemental ; et on
peut garantir que si les Français laissent prévaloir un
principe aussi absurde, aucune puissance humaine
ne pourra empêcher qu'il ne produise les mêmes conséquences qu'en 93 dans l'ordre social : persécution
religieuse, échafauds, guerre civile, ruine de l'État,
ruine de la propriété, ruine du commerce et de l'industrie, et surtout ruine de tous les droits de l'homme, et
destruction de toute presse qui défendrait ces droits.

Ce principe de l'omnipotence des majorités est jugé par
les fruits qu'il produit dans toute assemblée. On cherche
à y triompher par l'intrigue et l'habileté, par la coalition
de partis exaltés sans règle ni mesure. Alors recon-
naissez donc que ce principe est absurde, puisqu'il en
sort une odieuse oppression de tous les citoyens, et sou-

vent la terreur avec une profonde immoralité et d'ef-
froyables bouleversements.

Mais si l'on poursuit le principe en lui-même, dans
ses conséquences qui se déduisent les unes des autres,
on retrouve la même absurdité dans l'ordre purement
rationnel et logique.

On dit : *La souveraineté réside dans l'universalité
des citoyens français*, et par conséquent dans la majorité de l'assemblée nationale, qui devient omnipotente.
Cela veut dire, sans doute, que la collection des souve-
rainetés de chaque citoyen forme une souveraineté
générale ou nationale. Je le conçois, si cette souveraineté n'est pas déclarée inaliénable et imprescriptible,
si elle n'est qu'une simple délégation du pouvoir, si elle
ne porte pas atteinte au principe de cette souveraineté
qui est particulière à chaque citoyen, qui est *seule* inaliénable et imprescriptible, et que chacun s'est réservée
dans le domaine de sa conscience, de sa famille et de
son domicile, en ne déléguant que des droits très-res-
treints aux membres de l'assemblée nationale. Mais
sitôt que vous faites de ces droits délégués, de ce pouvoir secondaire et révocable, remis aux représentants
du peuple, une véritable souveraineté inaliénable et
imprescriptible, en un mot, un pouvoir omnipotent, à
l'instant vous détruisez par cette altération de votre
mandat le vrai pouvoir primitif, la véritable souveraineté, dont vous ne pouvez être que l'émanation impar-
faite et caduque de chaque citoyen. Remarquez que
vous opposez le droit inférieur du mandataire contre le
droit supérieur du mandant. Vous changez la confiance -

dont vous ayez été honoré en un droit personnel contre
celui même qui vous l'avait accordée. Vous tournez
l'épée qu'on vous avait remis pour défendre le droit
commun, contre ceux mêmes que vous aviez promis de
défendre dans leurs droits souverains.

Ainsi l'assemblée nationale a renversé la souveraineté
de chaque citoyen français, pour édifier la sienne sur
la ruine de toutes les libertés civiles. Et en cela, qu'a-
t-elle fait? Elle a repoussé véritablement en fait le principe même dont elle émane en droit. Elle a renié la raison
même de son existence publique. Elle était sortie de la
souveraineté de chaque citoyen, ou de ce qu'on appelle le
suffrage individuel. Or, en s'arrogeant la véritable souveraineté inaliénable et imprescriptible pour elle-même,
ou plutôt pour sa seule majorité, elle s'est détruite elle-
même, en déniant le droit civil ou la souveraineté de
citoyen dont elle procède, et en brisant la force du
suffrage universel.

En voulant s'élever au-dessus des citoyens, elle s'est
donc frappée et comme suicidée d'une manière irrémé-
diable. On le voit clairement, la nouvelle constitution
qu'elle a basée sur l'article premier, qui proclame l'omnipotence de la majorité, est, dans l'ordre logique, un véritable arrêt de mort rendu par elle contre elle-même.
C'est ainsi que l'absurde mène à l'absurde en retombant
sur lui-même.

Les conseils généraux devront donc occuper leurs
premiers moments à débattre publiquement ce projet de
constitution, pour en faire ressortir tous les faux principes, toutes les conséquences fatales. Une œuvre de

cette importance, qui repose fondamentalement sur une erreur de laquelle résulte la négation de toutes les libertés des citoyens et de tout ce qui fait la condition de la vie sociale, est une conception funeste qu'il faut répudier tout d'abord avec fermeté et courage. Il faut écarter tout ce qui peut compromettre dans l'avenir le repos et le bonheur de la France. Il faut toujours se maintenir dans la vérité des principes qui peuvent fonder la constitution de notre pays.

Autrement tous les droits des conseils électifs d'administration sont méconnus et détruits par le principe de l'omnipotence de l'assemblée nationale.

Si ces funestes principes n'étaient pas repoussés par le moyen d'une discussion sérieuse dans tous les conseils généraux de France, la majorité de l'assemblée nationale, se déclarant en permanence, nous ramènerait tous les plus mauvais jours de l'odieuse Convention. Le régime de terreur reparaîtrait infailliblement, parce que toute assemblée qui usurpe les droits de toute une nation, ne peut se soutenir que par des violences de toutes sortes, par des moyens arbitraires, par l'état de siége, par la suppression des journaux, par la confiscation de toutes les libertés, par la destruction de tous les conseils municipaux et généraux, par l'abolition de tout ce qui pourrait faire obstacle à l'exercice de sa pleine et sauvage souveraineté.

Que les conseils généraux avisent donc, car le temps presse, et la fatale constitution s'avance. Leurs mesures doivent être décisives et s'appuyer sur les droits de leurs commettants. Ils ne doivent pas craindre d'exprimer toutes leurs opinions devant les citoyens qui les ont nommés, et de défendre publiquement les droits civils et souverains que nul ne peut logiquement contester. C'est ainsi qu'ils fonderont dans leur propre pays les libertés civiles, communales et départementales, c'est-à-dire la véritable démocratie dans le vrai sens du mot, qui veut dire gouvernement du pays par le pays. C'est ainsi que la société nouvelle peut être édifiée sur la base solide des libertés publiques.

Jamais l'assemblée nationale ne pourra constituer *à priori* cette démocratie ou ces institutions libérales qui doivent s'élever, dans chaque département, sur la ruine d'une centralisation oppressive qu'a tuée la révolution de février dernier. Ce sont les conseils généraux qui doivent fonder ces institutions ; et ils ne peuvent le faire qu'en rejetant le projet de constitution communiste, dont la première pensée appartient à M. Marrast, ennemi connu de toute réalisation des libertés publiques.

§. V. — REJET DE LA CONSTITUTION DE L'ASSEMBLÉE NATIONALE.

C'est à la suite d'une discussion solide et soutenue pendant plusieurs jours devant le public de leur département, au milieu des débats contradictoires qui peuvent sortir de son propre sein, que la majorité du conseil général doit prendre une délibération solennelle et dûment motivée, pour rejeter, au nom du département, cette fatale constitution, et pour poser les vrais principes qui doivent servir à une nouvelle constitution à faire préparer par d'autres hommes.

En conséquence, les conseils généraux peuvent prendre publiquement une seconde délibération, pour faire connaître que l'opinion publique demande le renouvellement de l'assemblée nationale en reportant l'élection aux chefs-lieux de chaque commune.

Ils peuvent inviter tous les conseils municipaux de leur département à s'assembler sur l'invitation des maires qui sont le produit du suffrage universel, pour délibérer sur la question de cette constitution en projet, qui détruit tous les droits civils et communaux, et pour s'unir au conseil général dans la demande du renouvellement de l'assemblée nationale et d'une constitution basée sur la souveraineté réelle des citoyens, et non fondée fatalement sur l'omnipotence de la majorité de l'assemblée.

Mais, pour assurer l'exécution de la défense des droits civils, les conseils généraux ne doivent s'occuper que de cet objet pendant leur session, que le gouvernement entend limiter en cinq jours. Les délibérations des conseils doivent être prises dans ce terme de cinq jours.

Quant aux affaires courantes proposées par le préfet à l'acceptation du conseil général, quant à la répartition des contributions directes entre les arrondissements, tout doit être ajourné à une époque ultérieure.

Il faut en faire au gouvernement la condition du retour à l'ordre et à la légalité.

Que l'on fasse cesser l'état de siége de Paris. Qu'on rende à la capitale de la France les droits qui lui ont été

enlevés en suspendant la liberté de la presse. L'ordre
ne doit s'y maintenir que par des lois d'ordre. Que l'on
fasse cesser la dictature ministérielle d'un général afri-
cain, qui n'a aucun sentiment des droits ou de la liberté
des Français. Qu'il soit nommé un autre président du
conseil des ministres plus pénétré du respect des droits
que les Français ne peuvent avoir perdus par la révolution de février? Et que l'on consacre partout la démocratie, ou le gouvernement du citoyen par lui-même, de
la commune par elle-même, du département par lui-
même, de la France par elle-même, sans que, dans cet
ordre hiérarchique de tous ces conseils superposés et
administrant le pays, on doive jamais méconnaître le
plein droit souverain de chaque citoyen, droit primordial, inaliénable, imprescriptible, d'où partent tous les
pouvoirs quelconques, pouvoirs toujours délégués, et où
tous ces pouvoirs reviennent aboutir pour en recevoir
la sanction suprême et le cachet de leur véritable
origine.

· Le vœu des citoyens français, en nommant les membres des nouveaux conseils généraux, est parfaitement
connu. Les citoyens électeurs ont voulu nécessairement conférer à leurs élus tous les pouvoirs nécessaires pour résister à la dictature de Paris, au désordre
du gouvernement de fait, et aux projets communistes
d'une assemblée nationale élue primitivement sous
l'empire d'une intimidation patente.

Que les conseils généraux accomplissent donc leurs
mandats: eux-mêmes sont le produit le plus nouveau du
suffrage universel; et une force immense leur est don-

née, non pas pour usurper les droits de l'assemblée, mais pour les retremper dans les vœux des peuples, exprimés par les assemblées de département; non pas pour enlever la puissance à l'assemblée nationale, mais pour la redresser dans ses écarts, et la combattre même, si elle persiste à ne pas reconnaître les droits de souveraineté que les citoyens se sont réservés. Ils doivent donc comprendre qu'ils peuvent, pour rétablir l'ordre et fonder les institutions de liberté, tout ce qu'ils voudront, pourvu qu'ils se maintiennent dans l'esprit de paix, de concorde, de justice, de bon conseil et de force morale..

Ils doivent donc prendre tout le temps qu'ils croiront convenable pour accomplir leur haute mission; car il convient qu'ils la remplissent sincèrement et publiquement, dans leurs départements respectifs, et en présence de leurs commettants.

Toutes les questions de droit public doivent, par conséquent, être développées dans les conseils généraux, tout ce qui touche surtout aux droits qu'ont les citoyens français, et qu'ils se sont implicitement réservés en envoyant des représentants à l'assemblée nationale : droits réservés qui reposent sur le principe fondamental que la souveraineté réside dans chaque citoyen, celui-ci ne déléguant à ses mandataires qu'une partie très-restreinte de son droit, et seulement pour faire tout ce qui est reconnu qu'il ne peut faire lui-même.

Voilà la limite et la barrière qu'il faut opposer à cette assemblée nationale qui vient de dénaturer son mandat et d'attenter aux droits de tous et de chacun, en proclamant que la souveraineté réside en elle-même, en sa propre majorité, au nom du faux principe que la *souveraineté réside dans l'universalité des citoyens français.*

Ainsi les conseils généraux proclameront dès les premiers moments de leur session :

1°. Que la souveraineté réside dans chaque citoyen : que là elle est inaliénable et imprescriptible, et qu'aucune assemblée nationale, aucun conseil général ou communal, aucune fraction du peuple ne peut s'en attribuer l'exercice absolu ;

2°. Que le citoyen délègue, par le suffrage individuel, une partie de sa souveraineté pour le gouvernement de tous, mais toujours sous la condition de la responsabilité de la part des agents auxquels cette partie de ses pouvoirs est confiée, c'est-à-dire sous réserve de sa propre sanction ;

3°. Mais que cette délégation, toujours limitée, temporaire et caduque, ne peut jamais être tournée contre les droits mêmes que chaque citoyen doit naturellement se réserver, comme pouvant les exercer par lui-même, autour de lui-même, ou par des délégués plus immédiatement placés sous sa surveillance particulière.

Or les conseils généraux doivent proclamer aussi quels sont les droits réservés par les citoyens, quels sont ces droits qui doivent rester intacts. A cette fin, il convient qu'ils les publient dans la forme suivante, comme base de toute constitution à faire.

§. VI. DROITS PRIMITIFS RÉSERVÉS PAR LES CITOYENS.

Les droits réservés par tous et chacun des citoyens français sont les suivants :

Le droit d'être maître de sa propre personne , nul ne pouvant être arrêté que selon les prescriptions des lois qui protégent indistinctement les membres de la société ;

Le droit d'être inviolable dans sa demeure, de manière qu'on ne puisse y pénétrer que suivant les formes et dans les cas prévus par une loi qui ne poursuive que ceux qui troublent l'ordre social;

Le droit de ne pouvoir être distrait de ses juges naturels;

Le droit de professer et de pratiquer librement sa religion , sans que le gouvernement , sous aucun prétexte d'autorité supérieure ou de concert extérieur , puisse s'immiscer dans son culte , établir un chef des cultes , nommer des pasteurs , ou imposer des conditions de limitation à l'exercice public de son culte ;

Le droit de s'associer pour la défense de ses propres droits et de ses intérêts politiques , religieux , d'industrie ou de commerce , sans qu'en aucun cas le gouvernement puisse porter la moindre atteinte à ce principe fondamental de toute société libre ;

Le droit de s'assembler librement dans des maisons particulières ou publiques , pourvu que ce soit paisiblement et sans armes ;

Le droit de manifester ses propres pensées ou de publier celles des autres, par toutes les voies de la presse ou autrement, c'est-à-dire que la presse soit libre, et les journaux sans timbre ni cautionnement, mais sous une loi de répression qui défère aux jurys les délits contre l'ordre, la morale et les personnes;

Le droit d'enseigner et de faire enseigner ses fils, de fonder des établissements d'instruction et d'éducation comme bon peut lui sembler, et de les confier à qui il juge mériter sa confiance, sans que le gouvernement puisse user d'un droit de concurrence qui ne pourrait être que la ruine de celui du citoyen. Ainsi il ne peut pas y avoir d'enseignement de l'État ni d'université gouvernementale, pas plus qu'il ne peut plus y avoir en France, hors le principe de la liberté des cultes, de religion de l'État ou de foi gouvernementale;

Le droit de jouir de toutes ses propriétés foncières, commerciales, industrielles ou autres, sans que le gouvernement puisse les frapper de discrédit, par la prétention de les faire concourir forcément à des secours au travail; la fraternité demandant que chacun soit libre d'adoucir lui-même, comme il le veut, les souffrances et les privations de ses semblables;

Le droit de n'acquitter l'impôt qu'autant qu'il est voté librement par ceux mêmes qui en ont reçu, par délégation civile, l'autorisation spéciale.

Enfin le droit de garantir, sur son honneur, la dette publique, les contrats publics et privés, de tenir inviolablement les promesses anciennes qui ont une base morale et utile, et notamment de maintenir aux seuls ministres des cultes, qui en ont joui jusqu'à présent, les traitements sur le trésor public, quelle qu'en soit l'origine.

Voilà les droits souverains que chaque citoyen a dû naturellement se réserver en votant dans les assemblées électorales, parce que ces droits sont ceux qu'il peut exercer immédiatement lui-même, et qu'ils sont ainsi inaliénables par leur nature.

Les autres questions qui ne sont purement que de forme dans l'organisation de la nouvelle République, sont toujours relatives aux droits dont le citoyen ne jouit que médiatement et par la délégation qu'il a publiquement donnée à l'assemblée nationale, attendu que chacun d'eux ne peut les exercer uniquement lui-même et que ces droits délégués se rapportent à la collection des citoyens : ce sont les questions de forme gouvernementale. Mais même dans ce cas, ces questions ne peuvent jamais être résolues définitivement par l'assemblée nationale. Elles doivent revenir à chaque citoyen, qui seul peut, comme souverain primitif et inviolable, leur donner la sanction légale et les confirmer par son suffrage dans le vote universel.

Ainsi la constitution qui règle les seules formes de gouvernement et qui s'appuie sur les droits ci-dessus réservés par chaque citoyen, comme sur une base intactile et sacrée, cette constitution, pour être définitive, doit revenir à la sanction du peuple, à l'approbation individuelle des citoyens souverains. Autrement tout ce qui se fera par l'assemblée nationale seule est nul de plein droit. Autrement il y a usurpation de tous les droits des citoyens par une assemblée, ou plutôt par une majorité qui se proclame seule souveraine, en foulant aux pieds tous les droits civils, que la dynastie déchue avait au moins respectés en partie, en les inscrivant en tête de sa charte de 1830.

Ce sont ces droits ci-dessus réservés par les citoyens, que toute assemblée qui se comprend elle-même, doit respecter et faire respecter dans toutes les occasions. Les conseils communaux ne doivent jamais les perdre de vue. Ils cessent d'être les conseils naturels de leur commune, s'ils ne les proclament pas en toute occasion, s'ils ne se dévouent pas pour les défendre, s'ils y laissent porter la moindre atteinte. Toute mesure qu'ils prendront est bonne, légalement et souverainement justifiée, si elle a pour objet la conservation et la défense de ces droits réservés mentalement par chaque citoyen, au moment même que chacun dépose son vote dans l'urne électorale.

Les conseils municipaux des grandes villes, de Nantes, de Bordeaux, de Marseille, de Lyon, de Rouen, de Lille, et autres villes importantes, sont chargés de défendre aujourd'hui, avant tout, ces droits primitifs réservés par chaque citoyen. Toute mesure qui aura pour but la défense de ces droits inviolables est toujours suffisamment légale, surtout dans ce temps suprême où l'assemblée nationale les a sacrifiés dans son projet de constitution.

Les conseils d'arrondissement ont également la mission de défendre ces droits réservés, source de tout ce qui est vrai dans une république fondée sur le respect des droits de tous et de chacun.

Ce sont ces droits primordiaux, réservés par les citoyens, que les conseils généraux doivent proclamer comme inviolables. Voilà aujourd'hui la haute mission que ces conseils ont plus spécialement et nécessairement reçue dans ces temps de trouble et d'incertitude. Ces hauts conseillers départementaux sont établis ou élus pour être les défenseurs naturels de tous les droits civils ; et ils le sont à un double titre incontestable, et comme de puissants délégués de leurs concitoyens, et comme possédant eux-mêmes individuellement ces droits que l'on doit défendre au péril de la vie.

La défense de ces droits souverains primordiaux, sans lesquels il ne peut y avoir de république, et l'on n'en peut même concevoir l'idée ; la défense de ces droits réservés par les citoyens, autorise toutes les mesures que les conseils généraux croiront devoir prendre dans ce but.

Ces moyens sont, avant tout, de rejeter solennellement, et après une discussion sérieuse et publique, le projet de constitution, qui porte sur le faux principe de la souveraineté absolue ou omnipotence de la majorité de l'assemblée nationale, et de poser en toute délibération les vrais principes de la souveraineté, en faisant voir que le CITOYEN SEUL EST LE VRAI SOUVERAIN, reconnu comme tel dans la république, puisque tout pouvoir émane de lui, à raison du suffrage individuel et universel. Or, comme souverain, dont les droits sont inaliénables et imprescriptibles, le citoyen ne peut conférer aux assemblées et aux conseils quelconques que des pouvoirs délégués, restreints, temporaires, en dehors des pouvoirs indéléguables qu'il s'est réservés nécessairement à lui seul, et qu'on nomme les libertés individuelles, ou les droits civils.

§. VII. DISSOLUTION DE L'ASSEMBLÉE NATIONALE.

Ces débats publics dans le sein des conseils généraux feront ressortir cette vérité importante, que l'assemblée nationale, ne pouvant être dissoute par le pouvoir exécutif émané d'elle, est cependant susceptible de l'être, quand elle s'écarte de sa mission (comme elle le fait dans la circonstance actuelle), par les forces réunies de la nation, c'est-à-dire par les conseils généraux unis aux conseils d'arrondissement et aux conseils municipaux.

Car, enfin, on ne peut pas admettre qu'une nation intelligente comme la France puisse être conquise en fait par la majorité d'une assemblée dite nationale, qui transforme un pouvoir de délégation en un pouvoir essentiellement souverain et non sujet à contrôle de la part des commettants.

Cette nation ne peut être assujettie et vaincue par le pouvoir oligarchique de quelques membres qui, au nom de la majorité, abusent de tout et se rendent les maîtres du pouvoir exécutif, et le dirigent dans un but contraire aux intérêts des citoyens mêmes qui les ont élus.

On conçoit que la centralisation absolue soit nécessaire au maintien de ce pouvoir irrégulier.

Mais c'est précisément par la décentralisation que les Français peuvent reconquérir leurs droits. Il suffit d'amener les conseils généraux, d'arrondissement et municipaux à reprendre l'administration du pays, au moyen de commissions nommées par eux et émanées d'eux-mêmes. Dans cet ordre, les préfets et les sous-préfets disparaîtraient avec tout leur système d'oppression établi par la législation monarchique.

Cette nation doit pouvoir se défaire de ces soi-disant démocrates, insupportables tyrans, comme elle a voulu se déprendre du dernier monarque qui la foulait aux pieds.

Or, dans le système républicain, il n'y a pas d'autre moyen que de faire juger ces oligarques, retranchés dans la majorité de l'assemblée nationale, par la nation elle-même, représentée par les conseils généraux, par les conseils d'arrondissement et par les conseils municipaux, c'est-à-dire par 3,000 conseillers généraux, par 4,000 conseillers d'arrondissement, par 6,000 conseillers municipaux des villes, et par 400,000 conseillers municipaux ruraux.

Certes, le vœu de la nation est ici assez appuyé, quand surtout cette majorité de l'assemblée nationale est surprise en flagrant délit de conspiration contre le pays.

Voyez plutôt cette majorité en action. Elle est chargée de faire une constitution fondée sur les droits réservés des citoyens et sur le respect de toutes les libertés civiles. Eh bien ! elle renverse tous les droits des citoyens, elle se proclame seule omnipotente, en inscrivant comme premier article de la constitution, que la *souveraineté réside dans l'universalité des citoyens*, pour arriver, par voie de conséquence, à ne la faire résider que dans cette même majorité abusive de l'assemblée nationale.

Elle se maintient au pouvoir, en déclarant qu'elle veut

faire même les lois organiques. Elle n'a reçu aucun mandat à cet égard; mais son omnipotence lui donne le droit de tout faire.

Elle veut retirer à la nation le droit de nommer le président de la république, pour que cette majorité régnante ne puisse pas être ébranlée, et que sa domination ne puisse recevoir aucune atteinte de la part du pays qu'elle entend priver de ses droits primordiaux.

Elle manifeste la volonté de ne pas soumettre la constitution à la sanction de la nation ; et elle entend imposer cette œuvre informe et illogique par tous les moyens les plus audacieux, les plus illégaux, dans le pressentiment qui l'agite, au sujet du rejet probable de cette constitution par le peuple et par tous les conseils généraux et particuliers.

Les preuves surabondent donc pour établir le flagrant délit ou l'usurpation de pouvoir de cette majorité de l'assemblée.

C'est aux conseils généraux à faire triompher le principe d'ordre et de souveraineté civile méconnu par les oligarques de l'assemblée, à la faire rentrer elle-même dans les conditions de son existence légale et rationnelle, et à faire comprendre que la tyrannie de cette majorité, dite omnipotente, qui s'attribue des droits qu'elle ne peut avoir, doit être contenue ou arrêtée dans ses commencements de désordre.

C'est aux conseils généraux à faire reconnaître le principe de responsabilité qui atteint cette majorité dans ses membres, et qui est plus puissant qu'elle, puisque c'est la nation elle-même, représentée par tous ses conseils nationaux, qui a une action incontestable contre cette assemblée qui a trompé les vœux et les espérances de tous.

C'est aux conseils généraux à prononcer en masse, s'il le faut, la dissolution de l'assemblée nationale. Voilà le vrai principe modérateur de tous les pouvoirs républicains qui s'égarent dans leur mission. Ils sont rappelés à l'ordre par l'ensemble et le concours des autres pouvoirs de même origine, et ils demeurent convaincus devant le public, et par l'unanimité de la presse, d'avoir forfait à leurs devoirs en usurpant les droits de tous. C'est là le plus haut principe constitutionnel d'une république fondée sur la souveraineté résidant dans chaque citoyen et s'exprimant par le suffrage individuel et universel.

Autrement il n'y aurait pas au monde de pire gouvernement qu'une république qui conduirait irrémédiablement à la tyrannie d'une majorité qui, se déclarant omnipotente et souveraine, opprimerait toute une nation, comme cela s'est vu en 1793, époque funeste où nul corps intermédiaire dans la nation, nulle liberté de presse ne pouvaient exister sous le régime de terreur, mis à la place de la liberté civile, au moyen de la centralisation administrative.

CONCLUSION.

En résumé, nous invitons les conseils généraux à bien se pénétrer de leurs droits et devoirs, en face des dangers que courent la liberté et l'ordre en France.

Nous les engageons très-instamment :

1°. A bien assurer, dès les premiers moments de leur session, leur propre indépendance et leur haute position dans leurs départements respectifs ;

2°. A ajourner toutes affaires quelconques qui leur seraient soumises, même comme urgentes, par le préfet, et entre autres, la répartition des impôts directs entre les arrondissements, attendu que l'ordre et la liberté réclament d'urgence toutes leurs préoccupations. Il faut que le vote de la répartition de l'impôt ne soit accordé que plus tard et après le retour à l'ordre légal ;

3°. A porter dès le premier jour toute la discussion publique sur la constitution que prépare l'assemblée nationale, et à la soumettre article par article à une délibération sérieuse et publique devant leurs concitoyens;

4°. A prendre une décision solennelle au sujet de cette constitution, et à rejeter non-seulement le préambule, mais surtout le premier article, qui porte que *la souveraineté réside dans l'universalité des citoyens français*; quand le droit public fondamental de la nouvelle république ne peut admettre de SOUVERAINETÉ QUE DANS LE CITOYEN, qui se réserve tous les droits qu'il peut exercer lui-même, et qui ne délègue à l'assemblée nationale et aux conseils de tout ordre que des pouvoirs secondaires, sujets à la révocation, à la responsabilité et à une sanction ultérieure ;

5°. A faire une pétition au nom du conseil à l'assemblée nationale, pour lui faire connaître la fausse route où s'est engagée la majorité de cette assemblée, pour lui demander la révision de cet article premier qui détruit le droit des Français à la liberté ; et la cessation de l'état de siége de Paris ; et la suspension de l'arbitraire exercé contre la presse ; et la reconnaissance du droit de la nation, soit à nommer le président de la république ; soit à sanctionner elle-même l'acceptation ou le rejet de la constitution.

6°. En attendant que l'assemblée fasse droit aux représentations des conseils généraux, nous les engageons à refuser formellement la répartition de l'impôt, ce qui est dans leur droit et dans le vœu de tous les hommes d'ordre et de liberté. Le succès est dans leurs mains.

Et comme moyen puissant de soutenir leur résistance très-légitime contre les abus de pouvoirs de la majorité de l'assemblée ; ils doivent, au bout des cinq jours de discussion, arrêter et suspendre leurs travaux publics, se déclarer en *permanence* ; constituer à cet effet un *bureau* de six membres, composé du président, des secrétaires et de trois autres conseillers. La permanence des conseils généraux est de droit légal, de droit absolu, dans un moment où tout est mis en question dans l'ordre social ; l'état de siége de la capitale, l'arbitraire pesant sur la liberté de la presse ; le manque d'une constitution du pays, l'anarchie grondant, le despotisme militaire menaçant, l'avenir gros d'orages, le présent malheureux et souffrant, toutes les fortunes et les industries compromises, et la misère, la misère qui arrive et terrifie par les exigences de la classe ouvrière pendant l'hiver.

Ce bureau de *permanence* se tiendra au chef-lieu du département, et pourra convoquer le conseil quand il le jugera convenable.

Si l'assemblée nationale ne veut pas faire droit aux observations des conseils généraux, ceux-ci, convoqués de nouveau par le bureau de permanence, malgré les obstacles que lui apporterait le préfet, examineront la question du moment : et en persistant dans le refus de répartition de l'impôt, ils prononceront, en la motivant, la DISSOLUTION de l'assemblée nationale, en faisant un appel aux conseils d'arrondissement et aux conseils municipaux, pour faire confirmer cette dissolution et faire procéder à de nouvelles élections générales libres, aux chefs-lieux de chaque commune.

C'est par ces moyens légaux, par cette fermeté et cette indépendance, que les nouveaux conseils généraux se feront accepter par la nation comme les défenseurs naturels de l'ordre, de la liberté, de la vérité et de la justice.

Il n'apparaît pour le moment aucun autre moyen plus sage et plus efficace pour constituer une république calme et prospère, et pour rendre à la France le bien-être après lequel elle aspire.

H. de RÉGNON,
*Membre du conseil général
de la Loire-Inférieure.*

P. S. Nous croirions très-utile que les conseils généraux voulussent examiner, discuter, approuver les bases de la constitution à faire, telles qu'elles sont posées dans le projet suivant. La délibération qu'ils prendront à ce sujet devrait être envoyée par eux à l'assemblée nationale, comme un vœu très-exprès des départements.

C'est ainsi, que par une mesure très-significative, les conseils généraux amèneraient la décentralisation administrative, le gouvernement du pays par le pays et le redressement de la funeste voie suivie jusqu'à présent par l'assemblée nationale.

—

PROJET
de
CONSTITUTION DÉMOCRATIQUE.

Art. 1er. La souveraineté réside dans le citoyen français.

Elle est inaliénable et imprescriptible ; mais elle est susceptible de délégation, par mandat tacite ou explicite, sous condition de sanction ou d'annulation.

Art. 2. Le citoyen se réserve toujours essentiellement l'exercice des droits naturels qu'il peut exercer par lui-même.

Ces droits réservés sont : la liberté entière de sa personne, de son domicile, de son culte, de l'éducation et de l'enseignement de ses enfants par qui bon lui semble ; la liberté de s'associer comme il le juge convenable, de s'assembler sans armes, de publier ses pensées, d'exercer son commerce et son industrie, de gérer ses propriétés. Ces droits n'ont d'autre limite que les droits ou la liberté d'autrui.

Ainsi tout ce qui se fait, même législativement, contre l'exercice paisible et régulier de ces droits est nul de plein droit.

Aʀᴛ. 3. Le citoyen délègue la partie des droits qu'il ne peut exercer lui-même : 1° à des conseils municipaux chargés de choisir un maire et des adjoints et d'administrer la commune ; 2° à des conseils d'arrondissement chargés d'administrer l'arrondissement par un de ses membres ; 3° à des conseils départementaux chargés d'administrer le département par une commission prise dans son sein et composée de trois membres. La durée des conseils et des administrateurs est de cinq années.

Aʀᴛ. 4. Il délègue une autre partie de ces mêmes droits à une assemblée nationale, pour porter des lois qui ne peuvent jamais atteindre les droits civils qu'il s'est réservés, sans être frappées radicalement de nullité.

L'assemblée nationale est divisée en deux sections ou deux chambres : l'une de 500 membres élus directement par le suffrage universel recueilli aux chefs-lieux des communes, et par circonscription électorale de 70,000 habitants ; l'autre de 300 membres provenant indirectement du suffrage universel, mais directement élus par les conseils généraux, à raison d'un membre par 100,000 habitants. Le scrutin d'élection est toujours secret.

Aʀᴛ. 5. Le président de la république est nommé pour quatre ans par tous les conseillers municipaux, tous les conseillers d'arrondissement, tous les conseillers généraux. Il ne peut rien sans l'autorisation unanime des deux chambres qui constituent l'assemblée nationale.

Aʀᴛ. 6. Il ne peut être établi de conseil d'État chargé d'attributions administratives.

Art. 7. L'impôt ne peut être perçu que s'il est librement voté par l'assemblée nationale ou par les conseils particuliers.

Art. 8. Le pouvoir judiciaire est maintenu dans sa forme actuelle ; mais les juges de paix sont nommés par le suffrage universel du canton, recueilli au chef-lieu de chaque commune.

Les juges sont nommés sur une liste de candidats élus par les conseils municipaux, d'arrondissement et de département ; une loi en fixera le mode.

Art. 9. L'armée, en temps de paix, se compose de cadres d'officiers ; les soldats restent chez eux.

Art. 10. La dissolution de l'assemblée nationale aura lieu de fait lorsque la moitié des conseils généraux en aura exprimé le vœu. La dissolution du conseil général aura également lieu d'après la moitié des conseils d'arrondissement du département ; celle des conseils d'arrondissement d'après la moitié des conseils municipaux ; et celle des conseils municipaux sera prononcée par le conseil général du département.

Toutes les opérations électorales seront ordonnées, vérifiées, rejetées ou confirmées par les conseils, immédiatement inférieurs. Celles des élections municipales le seront par le conseil général du département.

Art. 11. Les lois organiques seront discutées ultérieurement, et ne pourront être contraires à l'esprit et aux principes de la présente constitution.